AF235830

Helma Gerjets

Ünner-

wegs

Impressum:

Helma Gerjets
Ünnerwegens
1. Auflage im September 2018

ISBN: **978 375 287 334 4**

Herausgeber V.i.S.P.

Selbstverlag Helma Gerjets
Oldenburger Straße 11
26 835 Hesel
04950 9877655
herbert.gerjets@ewetel.net

Fotos:

Helma Gerjets
Hanna Plümer
Henning H. Hinrichs

Herstellung und Verlag:

Bod – Books on Demand –
Norderstedt

Wat in dit Book steiht:

Abenteuerlüstig

Werner harr sien Froo un sien Kinner in de Grootstadt besööcht. Sien Froo Renate weer mit de Kinner weer na ehr Öllern trucken. Se keem up Land nich torecht. Dat weer ehr daar all to ümständlich un to wiet utnanner. Ehr beid Kinner, Sophie un Claas, föhlen sik hier anschienend ok woller. Man kann lütt Kinner aver de Welt noch bunt malen.

Ditmaal weer Werner dat düchtig stur fallen, sik weer up Padd na Huus to maken. Besünners Claas weer so trurig ween. He harr sien Papa blot en updrückt un weer verschwunnen. Sophie kuschel noch wat länger mit hüm. Se vermiss hüm ok düchtig un all ehr Fründinnen un de Deerten. Se wull doch ok rieden lernen.

Werner reet sik los, sett sik in Auto un maak sik up de lange Rücktour. Na ungefähr twee Stünnen maak he en Paus up en Raststee. En Koffie schull hüm good doon. He park an de Utfohrtsiet. Vörn an weer de Toll an kontrolleeren. Wat de woll weer söken deen?

Bi de Tollbeamten keem en van de Görners anröönt. „Kaamt se flink her! In dat witte Auto kloppt dat. Dat is düdelk to hören." „Wat? De willt jo vernarr bruken!" De Tolllüü weren nu aver ok fell ünnerwegs. Dree utwussen Mannlüü legen daar nu mit ehr Ohren up de Kofferruumdeckel un luren. Daar weer dat Kloppen weer. Nu aver graad Warktüüg her un de Deckel open broken. Daar leeg blot so en modernen Hartschalenkoffer in un veel Tüüg daar tegen.

Waarüm weer dat nich in de Koffer? Schull daar well in de Koffer sperrt ween?

De Tollbeamte maak de Koffer open un well keek ehr daar tomööt? En Jung van ungefähr acht Johr. Man kann bolt nich mit hüm schnacken. Nu mussen sik eerst de Sanis üm hüm kümmern.

Man wat schull mit de Jung passeeren? Schull he entführt werden? Daar mussen de Gendarms her. Dat gung nich mit rechten Dingen to. Tosamen mit de Streifenwogen keem ok en upgeregten Mann anrönnen. „Wat is denn hier mit mien Auto los? Waarüm sünd de Kofferruum un de Koffer open?"

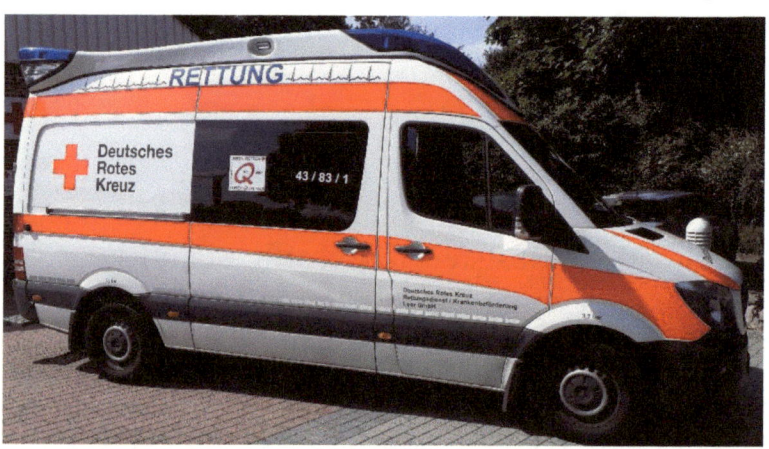

De Gendarm froog glieks sachlich: „Ist das ihr Fahrzeug?" „Jo! Wat is los?" „Wohin wollten sie den Jungen entführen?" „Weckern Jung?" Werner wuss immer noch, nich waarüm dat gung. „ Ihr Kofferraum musste aufgebrochen werden, weil daraus Klopfzeichen kamen. Das Kind wird jetzt im Rettungswagen behandelt." De Gendarm beobacht hüm scharp. He murk aver woll, dat he daar würgelk nix mit to doon harr.

He leet sik sien Papieren geven un överprüüf denn de Daten. De Kolleeg keem ut de Rettungswagen. „Der Kleine heißt Claas Reiners. Viel mehr konnte er aber noch nicht sagen. Wie heißt der Mann? Werner Reiners? Sollte das der Vater sein?" Ok dat leet he överprüfen. Jo, dat Kind hör to de Keerl. Man wo keem de nu in de Kofferruum?

Nu geev dat noch mehr van de Funkstee: „Claas Reiners is van sien Mama vermisst meld!" Schull de Vader sien Söhn doch entführen wullt hebben?

„Claas wurd wat gesprächiger!" meld sik daar de Sanitäter. Nu wurren de Gendarms neeigierig; Ünner Tranen vertell he denn, dat he bi sien Papa blieven wull. He harr denn de Koffer utrüümt un sik in de groot Koffer verstoken. Dat he daar mit de Tied kien Luft mehr kreeg, harr he nich mit rekent. Disse good twee Stünnen harren hüm düchtig in Angst maakt.

Nu weren Papa un Söhn blied. Dat dat so good utgohn weer. Noch leeg Claas warm inpackt in warm Dekens in Rettungswagen. He schull noch van ünnern bit boven in Krankenhuus ünnersöcht werden. Daar wullen sien Mama un Sophie ok herkamen.

Dat weer en groten Abenteuerreis för Claas wurden. Nu överleggen Werner un Renate sik en Huus to söken, wat nich so eensaam stund, so dat se binanner blieven kunnen. De Kinner freuen sik al, dat se weer en Familie wurden.

Sönndagsutflug mit de Familie

Andrea leeg de letzt Leckeree in de Picknickkörv Malte un Marita freuen sik immer, wenn dat ünnerwegs en Paus geev up ehr Radtouren.

Ditmaal wullen se döör de Busch na de Erlebnishof Behrends hen. Daar geev dat för de Kinner en Streichelzoo mit Zegen, Hängebauchschwien, Kaninkens, Katten, Aanten un Höhner. In Volieren zwitschern Kanarien un Papageien.

Allerdings wurren hier ok en dreebenig Reh weer uppäppelt un daar harren de Kinner am mesten Spaaß an: en Stöörk mit en schient Been. Dat arm Deert mit sien broken Been stunn in en afzäunt Gehege to klappern. En groot Köppel Schaap hullt de groot Weig köört. Sogaar en Hund weer daarbi to uppassen.
In de ümbout Schüür wurr Obst un Gemüüs, Wurst un Schink un sogaar Wildfleesch verköfft. Ok Eier van glückelk Höhner un sülvstmaakt Marmelaad kunst hier kriegen. Froo Behrends verraad geern dat en oder anner Rezept.

Sönndags bout de Huusfroo Koffie, Tee un sülvstbackten Kook an. Sitten kunnst denn in Tuun.
De Kinner weren in en Paradies.
Stephan luur al mit ehr Rööd. Marita keem in Kinnersitz bi Andrea achtern up. Malte drüff bi sien Papa mitfohren. All beid harren en Köörv an ehr Lenkstang. Se wussen, dat se noch Leckerejen inkopen wullen.
Bi mooi Weer gung dat ünnerwegs. De lütt Deern mit

ehr rosawitt kareerten Sünnenhoot up Kopp brabbel wat vör sik hen. Malte stunn sien Mund ok nich still. He benööm al veel Deerten, de he daar verwachten de. Alleen de lütt Zegen maken hüm Spaaß.

„Papa, sünd daar ok de Zegen mit ehr dick Pullovers? Oder hebbt se de nu uttrucken? Is doch so mooi warm. „Stephan wuss nich wat sien Nakamer meen. „Andrea, wat meent he?" De fung luut an to lachen. He meent Schaap! Letzt Maal weren de Schaap blot buten, as ik daar weer to inkopen. Do hett he beschloten, dat dat de Zegen mit en warmen Pullover weren. Ik hebb hüm daar bi laten. Anners harr he ok noch de Zegen sehn wullt."

Wenner maakt wi Paus? Ik hebb Dörst!" „En lütt Enn noch. Denn kummt en Bank. Daar köönt wi sitten." Se maken immer bi de Handwiesder en lütten Paus. De Kinner kregen ehr Drinken un ok wat to schlickern. Se sülvst drunken ok van de Appelschorle. Denn fohren se wieder.

Bi de Erlebnishof ankamen, rönn Malte juchzend up de Schaap daal: „Ji hebbt ja immer noch jo dicken Pullover an! Hett jo Mama kien T-shirt för jo? Hier, ik lehn di al maal mien Cappy. Schüttkoppend bekeken Andrea un Stephan sik sien Doon. Vörsichtiger gung Marita daar up daal. Se gung na de Kaninkens un Katten to streicheln.

„Papa, kiek maal daar achtern liggt twee Schapen. De aamt ja gar nich mehr. Sünd de doot?" „Dat glööv ik nich. Herr Behrends löppt daar. Fraag hüm man eben." Nu stapp Malte up sien lütt Benen los: „Herr Behrends, daar liggt twee Schapen. De aamt nich mehr." „Waar liggt de, mien Jung?" „Daar achtern!" „De mööt wi weer henstellen, de sünd ümfallen un köönt nich weer upstohn. Kannst mi helpen." Nu marschier denn lütten Bödel mit de Buur na de Schaap un pack de bi de Been un schoof de mit Schwung in Runn. Dat Schaap schüddel sik maal good, keek in Runn un röön weg. Genauso gung dat mit dat anner Schaap. „Besten Dank mien lütten Lebensretter! Du hest de beid Schaap dat Leven redd. All to lang drööft de nämlich nich so liggen. Ik spendeer di ok en Ies!"

„Mama, de Peer sünd ok weer an rieden. Drööf ik ok?" Andrea korrigeer hüm: „De Peer werd reden. Aver du dröffst daar nich rieden. De Peer hört anner Lüü." Nu harr se wat seggt. Malte weer blot noch an quengeln. „De anner Deeren hört uns ok nich un daar drööft wi mit spelen. Ik will rieden!" He stamp mit sien lütten Foot up. Tranen lepen hüm över d´ Wangen. „Wi willt nu Tee drinken. Wullt du en Ies?" versöög se hüm af to lenken. „Jo, un denn will ik rieden!" Malte harr en Dickkopp. „ Kinner mit en Willen kriegt wat för de Billen!" leet Stephan sik hören. Hüm reeg dat Geblarr van sien Jung up. „Du kannst di överleggen, wat du wullt! Entweder du benimmst di, oder wi beid fohrt sofort na Huus un dat ohn Paus!" Mit groot Ogen keek Malte up sien Papa. He schnücker: „Ik will hier blieven." „Ja, denn wees leev!"

Se bestellen Tee un Ies un ok van de lecker Appelkook. De Huusfroo keem bi ehr an Disch un froog Malte: „ Waarüm musst du weinen?" „Ik will ok rieden un drööf dat nich!" Dick Krokodilstronen kullern al weer. „Kumm du man eben mit mi. Ik wies di wat!" Se nehm Malte an Hand un gung mit hüm na de Zegen. „Kiek maal, dat is Fritzi! Fritzi kummt immer bi mi. Ik geev hüm en Wuddel. Denn sett ik di up sien Rügg. De anner Zegen willt dat nich. Musst di aver mooi fasthollen."
Nu thron Malte boven up de Zegenrügg un harr ganz vergeten, dat he doch up en Peerd rieden wull. Dat düür nich lang un de Zegenbuck fung an to springen. Nu wull Fritzi nich mehr. „Daar dröffst du aver nie alleen rupp gohn! Blot mit mi tosamen!" Malte leet sik van sien neei Fründin dat Verspreken afnehmen.
Andrea un Stephan harren ehr Tee up un ok al inkööft. Ehr Radkörven weren bolt nich groot genoog för all de Leckerejen. Nu gung dat weer up Rücktour.

Ünnerwegs geev dat weer en Paus. Marita un Malte knabbern beid an en Stück Appel. Mamas Picknickkörv weer noch nich los, Avends legen beid Kinner mit rood Wangen mööi un tofree in ehr Betten.

Malte vertell noch lang van sien Ritt up de Zegenbuck Fritzi. Jedesmaal see he denn mit erhoben Wiesfinger: „Dat dröfft man aver blot mit Froo Behrends!" All Kinnergaarnkinner weren niedsch. Van de harr noch nüms up Fritzi reden.

Ünnerwegens

Rieko weer an Kook anröhren as Fidi rin keem. „Oh, wat is dat denn?" „Wi kriggt van avend Visit. Ressi un Bernard hebbt sik anmeld un se de so geheimnisvull, wat daar los is? Blief du nu ok man hier to Tee drinken."

Up Tied stunnen Ressi un Bernard denn ok up de Matt. De ganze Tied bit Tee drinken grien Ressi wat vör sik hen. Denn leet se de Bomb platzen: „Wi fohrt in Urlaub un ji goht mit! Ik hebb en Anzeig in uns Bladd funnen, daar steiht: Ferienwohnung für 4 Personen bei eigener Anreise nur 159 € in Werningerode im Harz. Denn is daar noch beschreven, wat man daar so maken kann: mit Bimmelbahn döör de Stadt fohren un mit de Zug up de höchste Barg van de Harz rupp fohren. Ik hebb van Paar Daag tofällig en Film över denn Harz in d´ Kiekkasten sehn. Daar is dat richtig mooi mit all de Fachwerkhüüs." Ressi harr sik al richtig in Raag red. „Minsch, jo, de Zugspitz wull ik ok al immer maal sehn un wenn man daar ganz mit Zug rupp fohren kann." „Fidi, Zugspitz liggt in de Alpen. De Brocken is hier meent. Dat weer fröher Sperrgebiet. Lest du denn kien Blatt un hest in School nich uppasst?" Rieko wies ehr Ehegespons torecht.

„Man so en Togg is ja nich verkehrt. Fidi dröfft daar bloot nich henfohren. Denn land wi glatt in de Alpen. Wullst du dat denn. Bernard?" „Ik bün´t Auto fohren wehnt un in uns Auto is genoog Bodd." „Jo, Ressi, denn meld uns moorn glieks an un erkunnig di wat wi all mitbringen mööt." Fidi bruuk gar nich mehr veel seggen. De veer freuen sik up ehr Kurztrip un maken sik noch en vergnögten Avend.

Annern Dag bimmel de Klöönkasten un Ressi weer daar an. „Ik hebb uns de Ferienwohnung bestellt un wi köönt in sess Week kamen. Mitbringen bruukt wi anners nix as uns egen Beddtüüg un uns eten un drinken. De gode Luft harren se sülvst, hett dat Frollein van de Touristikinformation an mi seggt. De weer ganz nett. Se schickt mi nu noch to, waar wi genau henmööt un wat wi all ünnernehmen köönt. Ik freu mi al düchtig. Maal wat anners sehn."

„Jo un Fidi schickt wi to Foot up de Brocken rupp, dat he de Naam sien Leev nich weer vergett." De beid Frolüü amüseern sik immer noch över Fidi. Se överlegen, wat se all mitnehmen wullen. Wat daar all uptellt wurr. Daar mussen se glatt en Anhänger för mitnehmen. Enig weren se sik, dat se hier eerst Maal inkopen wullen, wat mit muss to eten un drinken. „De Mannlüü köönt wi ja en 6-er- Pack Beer mitnehmen. Un wi? Wat möögt wi? Wat hollst du van twee Buddel Roodwien un twee Buddel Sekt? `n beten Sprudel un Water mööt ok jo noch ween för denn Nadörst." Rieko harr so richtig Spaaß daaran to planen, wat so mit muss. „Ik mööt ok noch neei Plünnen hebben. Dat hett aver ja noch en lütt Sett Tied bit wi de Breef van dat Frollein hebbt." Ressi dach sik ok, bit dat dat los gohn schull weer ja noch en ganz Sett hen.

Veerteihn Daag later weer de Breef ennelk daar. Nu kunnen de veer Frünnen planen. De Mannlüü wurden glieks indeelt to Kuffers in Auto packen un Bernard to fohren. Blot as se mitkregen, wat to drinken mit schull, leggen se Protest in. Se wullen ok maal in en Kroog. „Ja, meent ji denn, dat wi jeden Dag Pott kaakt? Aver vördem un nadem mööt dat ok doch wat geven!" Ressi wuss genau wat se wull.

„ Hier hest du dat al sehn: daar is ok en Schwemmhall. Daar kunnen wi jeden Dag hengohn. Oh, Mann! Dat is wat för mien Rügg! Daar gifft dat ok Watergymnastik. Wenn wi inkopen goht, mööt wi Fidi noch en Baadbüx mitbringen!" Rieko wurr all upgeregter. In de Papieren geev dat soveel to schnüstern. Van ehr ut kunn dat övermoorn al losgohn. Ressi un se wullen nu en Week bevör dat losgohn schull, dat nödigste inkopen.
Denn weer de groot Dag ennelk daar: Morgens üm acht Ühr stunnen Ressi un Bernard vör de Döör. Dat Auto wurr gau inpackt. Aver de Kufferruum wurr vull un vuller. Un Rieko harr binnen ok noch de groot Picknickkörv stohn. De ganze Avend bruzzeln daar noch Frikadellen un koken Eier. Sogaar Tuffelsalaad luur daarup, dat he eten wurr. Mettwurst un Kääs weer ok inpackt. Blot för disse Kőörv weer kien Bodd mehr. „Denn nehm ik hüm up Schoot! Ik hebb mi soveel Arbeid maakt!" „Wat hest du denn noch all maakt? Wi willt doch nich utwandern!" Ressi wunner sik.

„Ünnerwegens maakt wi ok doch Paus un denn mööt wi ok doch wat hebben. De olle Raststejen sünd so düür." „Oh, Rieko! Du büst unverbeterlich! Wi fohrt doch in Urlaub un denn willt wi uns ok en beten wat günnen." Sogaar Fidi weer dat pienelk un as do bi de eerst Paus de Kőörv open keem, segen de dree eerst wat Rieko inpackt harr. Dat lang för en ganz Kompanie!

Un Koffie stunn ok noch praat in Thermoskann. Fidi wuss nich, in wecker Muuslock he woll krupen schull. „Nu fehlt blot noch dat Dischdeken." reep Ressi ut. „Ik wull Servietten mitnehmen, man de Köörv weer so vull!" „Ik glööv dat nich! Wi bruukt de eerst Dag in uns Quartier nich maal koken. Wat hebbt wi weer en Geld spaart!" Bernard freu sik. „Ji hebbt dat Geld all spaart. Rieko hett dat in Unkünn al verneelt döör ehr Goodigkeit." Fidi weer nett so düll as Schiet. De Urlaub weer hüm al verdürben. He wull sik sien Leev nich weer up sowat inlaten.„Kumm, nu gnutter nich rüm. Wi wööt ja noch gar nich, wat bi Ressi all van

16

Dag kummt!"

Do kemen se ennelk in Werningerode an. De genau Adresse harren se toschickt kregen. Man dat weer nich Akelsbarg. Hier weer dat veel grötter. Se wussen gar nich waar se hen mussen. Aver en Ostfrees is ja nich up Kopp fallen. Daar weer en Taxistand un daar fohren se ran. De mussen dat ja wöten. „Sie fahren hier die nächste Straße rechts rein und dann die zweite links. Dann sehen sie das große Hotelgebäude schon!" De veer wunnern sik. Se wullen doch nich in en Hotel. Dat schullen doch lütt Hüüs ween. Se wullen aver eerst maal kieken.

Weer aver all richtig. Dat grode Hotel harr ok lütt Hüüs en beten torügg in en Busch stohn. Fröhstück kunnen se in dat Hotel kriegen, mussen dat denn aver betohlen. De ganz anner Anlagen in dat Hotel so at Sauna, Swimingpool mit Wellnessoase, Bewegungsruum kunnen se mit en Utwies, de se kregen, ümsünst nützen. Ok dat Restaurant stunn ehr open. Dat nett Frollein wies ehr genau in.

Dat Auto drüff eenmaal bit an ehr Huus mitnohmen werden to utpacken un denn mussen se de Schlödel för dat Poort weer afgeven un bi de Afreis kregen se de noch maal weer.

Mooi lütt Hüüs weren dat mit twee Schlaapkamers. Se kunnen sik dat utsöken. Ok de Stuuv weer ganz mooi mit en groot Sofo, Sessels un Disch utstaffeert. An en Müür stund en Köken komplett inricht. Daar vör en Eetdisch mit Bank un dree Stöhl. Hier kunn man sik dat woll good gohn laten. Sogaar en Terrass mit

Gardenmöbel geev dat.

Graad wurden de Koffers rin schleept un all anner wat daar noch in Auto weer. Un wat funnen Fidi un Bernard daarbi: en ganzen Karton Roodwien un sess Buddel Beer! Denn weer daar noch so en Türkenkoffer. Wat weer daar all in? Chips, Flips, Schokolaa! „Kiek, wat hebb ik di seggt! Dat mööt Ressi stiekum all inpackt hebben. Ik keen mien Ollsch doch!"

Aver schöölt wi denn nich mehr Beer hebben?" „Wenn wi moorn froh Brötkers holen mööt, bringt wi uns noch wat mit. För van avend riekt dat nett so ut." Man murk dat glieks. De Mannlü harren Spaaß. De sess Buddel Beer weren flink los. Un nu, wat schöölt wi nu drinken?" froog Fidi. „Ji drööft jo för moorn noch en Paar mitbringen. Jeden Avend wurd hier aver nich sopen. Bernard mööt ok ja noch fohren moorn!" Rieko wies Fidi glieks torecht. „Is sowieso Beddgohnstied. Good Nacht!"
Se kropen elk in ehr Bedd. Dat weer nich recht wat. Dat Bedd weer man so schmal. Rieko leeg mehr bi Fidi at up ehr Siet. Dat weer ja nich so schlimm ween, wenn se nich so schnurkt harr. Stadig pust se Fidi in´t Gesicht. Dat hen un her dreihen nütz daar ok nix. Rieko dreih sik denn ok glieks. „Nützt nix," dach Fidi, „ik stoh up un goh noch maal bi de Roodwienbuddel. Beer is ja up. Denn kann ik viellicht schlopen." In Stuuv keem hüm do en Idee: Ik schloop up Sofa. He gung hen un hol sien Koppküssen un Börberbedd, kuschel sik mooi in. So schleep he de ganze Nacht as en Baby.

„Bernard, kumm graad, daar liggt en Keerl bi uns up Sofa." Ressi harr so en Dörst hat un bi de Waterbuddel wullt. Lachend keem Bernard weer torügg. „Goh man weer liggen, dat is blot Fidi. De is anschienend na ut Schlaapkamer uttrucken. Well wööt, wat Rieko noch all wüss."

Annern Moorn bi´t Fröhstück fraag Bernard: „Kann man good in jo Betten schlopen?" „Jo," antword Rieko, „ik hebb good schlopen." „Ik ok." schmüster Fidi. „Un ji?" „Uns Betten sünd so dörlegen. Wi hebbt lang bruukt bit wi schlepen. Ik wull hier up Sofa schlopen, dat weer aver ja besett." „Ja," see Fidi un kreeg rood Ohren, „uns Bedd is man so schmal. Ut dat Öller sünd wi ruut. Do bün ik uttrucken." „Un wi dagen al, ji harren Meut hat!" Ressi kunn sik dat nich verkniepen. „Hebbt ji dat denn sehn?" Do wurr Fidi eerst maal upklärt.

An ehr eersten Urlaubsdag schull dat nu up denn Brocken rupp gohn. Weer ganz mooi Weer. De Sünn strohl van Himmel. Van de Bahnhof ut fohren se mit de Zug bi de Barg anhoch. Fidi schull to Foot gohn. „Ik laad jo boven in." versprook he. To lopen harr uns Flachandtiroler kien Lüst. Weer hüm seker ok stuur wurden, sogaar de Damplok schnoov düchtig!

„Kiek eben Fidi! Waar man hier ganz henkieken kann! Wat is dat hier mooi! Wenn dat noch en beten höger weer, kunn een seker uns Insels sehn!" Rieko weer rein wat van Padd af. Se rönn van en Stee na de anner un weer an knipsen. „Waarüm liggt hier aver Sneei?

19

Dat is doch eerst Enn September?" „Dat liggt an de Höcht van de Barg. Hier fallt veel eher Sneei as ünnern in`t Taal." Bernard wuss Bescheed.

„Fidi, du wullst uns doch all inladen. Is Middag un de Arvensopp mit Würstchen rückt richtig good. Wat holst du daar van? Straaf mööt ween! Ik koop ok wat to drinken." „Dat nütz nix. Fidi muss betahlen. Se eten besünners leckern Sopp boven up Barg. De gode Luft maak ok Smacht. Na en ganz Sett keem weer en Damplok de Brocken anhoog schnoben. Daar stegen se in un leten sik weer no ünnern fohren.„Wööt ji egentlich, dat wi van de moje Stadt noch nix sehn hebbt mit all ehr Fachwark? Laat uns van namiddag doch eenfach maal spazeeren gohn un ´n beten kieken." Ressi wull in de Paar Daag nich blot freten un supen. Se wull ok wat sehn. „Ji Frolüü willt doch blot Schildjies dreihen un wi mööt mithulen. „Jo, inkopen mööt wi ok noch. Well hett güstern avend all dat Beer upsopen? Oder mööcht ji neeierdings Roodwien?" De beid Mannlüü keken sik an un grinsen: „Dat köönt wi ok alleen!" „Jo, dat geiht ünnerwegens! Wi kiekt eerst de Stadt an!"

Dat weer aver en mojen lütten Stadt mit all de Fachwarkhüüs, dat mooi Raadhuus un de oll Marktplatz. Un denn stunn daar tomaal en Schild: //Stadtrundfahrten täglich zur vollen Stunde// „Dat weer doch wat för uns. So werd wi döör de Gegend kutschiert un kriegt veel van de Stadt to seen. Kiekt eben, daar kummt al so en lütten Bimmelbahn. Of de dat is? Ik fraag maal: „Machen sie die Stadtrundfahrten?" „Ja, aber dies war für heute die letzte Fahrt. Morgen früh ab 10 Uhr wieder stündlich." „Danke!"

Dat klung good, denn wullen se nu eerst Koffie un Kook hebben. Se weren schließlich in Urlaub hier! Rieko wull daar ok wat van hebben. De veer setten sik in en fein lütt Cafe wat de Frolüü utsööcht harren. De Kook seeg daar so verführisch ut. De Anblick harr nich dragen. Nu mussen se noch gau inkopen. Se musssen noch döör de halbe Stadt lopen, bit se in ehr Quartier kemen.

Rieko un Ressi wullen sik to dat Avendbrood noch wat upschieren. Ünnerwegens fullt ehr noch en mojen Bluus in Oog. De muss dat noch wesen. Avends wullen se de denn utführen. Dat schull in en nobeln Gaststee gohn. Daarto kregen de Mannlüü ok noch ehr best Hemd un Schlips an. Se harren ehr noch nich verraden dat daar na't Eten noch Ringelpietz mit anfaten geev. Mannlüü un danzen, dat sünd ja bekanntlich twee Paar Schoh.

De veer verleven en lüstigen Avend na en besünners good Avendeten. Sogaar dat Danzbeen hebbt se kräftig schwungen. Anschickert van Beer un lütt Bisetters för de Mannlüü un Roodwien för de Damen gungen se singend up ehr Quartier an.

Anner Dag folg nu noch de Stadtrundfahrt mit de Bimmelbohn. Daarbi segen se in en lütten Nebenstroot en lütten Laden mit all lütt Nippsaken. Daar funnen se bestimmt wat för de Enkelkinner. Oma un Opa mööt doch wat mitbringen!

Hier geev dat veel to kieken un to kopen, aver nix waar se de Kinner mit blied maken kunnen. Se wullen ehr nu en Schien in ehr Spaarpott doon. Dat weer immer recht. Ressi fund aver noch en besünner Stück: En Knobelspeel. Dat kööf se för sik. Dat wullen se in ehr Quartier eerstmaal utprobeeren.

Selten harr man veer Minschen so luut lachen hört as bi dit Spill: die 6 muss raus. Se kunnen kien Enn finnen un beschloten all veerteihn Daag dit Spill to spelen un mit en Paar Euros en Spaarschwien to fouern. Se wullen doch noch weer mitnanner ünnerwegens. Sogaar Fidi harr daar nu Gefallen an funnen.

Anner Dag mussen de Kuffers weer packt werden. De mooi Urlaubsdaag weren al weer vörbi. All ehr Resten verarbeiten de pfiffig Damen nu so, dat se de an de Raststejen noch vertehren kunnen. Ok Koffie maken se in ehr Themoskann. Sogaar de Rückreis wurr noch to en Beleevnis. Ditmaal harren se sogaar Servietten, de se as witte Dischdekens nützen kunnen.

Gemeendutflug

Pünktlich üm halv dree drepen sik Rieko un ehr Fründinnen van ehr Häkelbüdelrunn in ehr Gemeendhuus. Eerst geev dat Tee mit Keksen. Maal weren de sülvst backt, anner maal harr de Backer sien Best doon musst. Af un to geev dat denn ok maal en Stück Toort. Jeden Geburtsdag wurr fiert. To vertellen geev dat immer genoog. Ok bi't Stricken af Häkeln wurr wieder vertellt.

Ditmaal geev dat Visit. De Pastoor klopp an. Of he ok Teedörst harr? Jo, harr he un he harr ok en Böskupp. In sess Week schull en Gemeendutflug stattfinnen. Darto wull he inladen. Plaant weer en „Fahrt ins Blaue". Man schull sik driest daar to anmelden, ok de Mannlüü düren ditmaal mit. Bit token Week wull he de Anmeldens geern hebben.

De Frolüü versörgen, de Pastoor noch ut de Nöös to trecken, waar dat hengohn schull. He wull aver nix naseggen. Losgohn schull dat allerdings al üm halv elf un ok Middageten geven. Pastoor verafscheed sik. De Neeigkeit muss nu eerst beschnackt werden. Rieko överleeg bi sik: „Schull Fidi mitgohn? Sowieso weer dat Datum nich so passend för ehr. En Dag na ehr Geburtsdag. Huus muss ok doch weer up Stee. Dat muss se sik gründlich överlegen." „Rieko, wat kickst du so belämmert? Is di en Luus över d' Lever lopen?" Greti keek ehr an. „Ik wööt nich of ik mit kann. Kiek doch maal up dat Datum. Un of Fidi mitgeiht, steiht ok up en anner Bladd."

23

„Nu maal de Düvel nich glieks an de Wand. Also ik meld uns vandaag glieks an. Wat is mit jo? Wi kunnen doch so to seggen en Gruppenfohrt up Kösten van de Karkengemeend maken. En Geburtsdagsschluck kannst du ünnerwegs ok utgeven."

De Frolüü weren sik enig. Daar wull sik Rieko denn ok nich utschluten. Fidi much se denn ja woll beschnacken könen, wenn de anner Mannlüü mitgungen. Se kennen sik ja all. De Geburtsdagsfier muss se denn verschuven. Sogaar Fidi hullt veel van so en Utflugg.

So stunn de ganz Häkelbüdelclub mitsamt Mannlüü bi de Bushaltestee. All kemen bi Rieko üm to graleeren. Se vergeten ok nich to fragen, of se denn ok en utdoon wull. Sogaar de Pastoor graleer. He froog aver nich.
De Häkeltanten stegen glieks achtern in Bus un maken ostfriesische bunte Reihe: links de Frolüü, rechts de Mannlüü. Rieko harr en groten Büdel mit. Daar klöter dat so verdächtig in. Rieko harr sik överleggt, wenn se up Fohrt weren, wull se elk en lütten Ipi, en lütten Schluck, tokamen laten un denn enmaal Prost seggen. Dat muss reichen.

De Reken harr se aver ohn ehr Fründinnen maakt. De kunnen up en Been nich stohn oder wullen nich humpeln. Na all dat Bedeln geev dat denn ok noch en tweden Runn. De Frolüü wurden al recht wat lüstig. De Mannlüü werden ok de Menung, so kunn dat wieder gohn.

Kört vör Middag gung dat in en Sielkark to en Andacht. Daar tegenöver weer en Koopmannsladen. Nu gung dat Lästern weer los. „Hier kannst woll noch en Buddel of twee kopen. Daar helpt wi uns woll mit." Rieko harr aver al en schlecht Geweten. De Pastoor harr ehr al över sien groot rund Brill ankeken un de Oogbrouen hochtrucken. Se keem sik vör as en Konfirmand, de erwischt wurden weer bi't schummeln.

„Nee, well noch en Schluck will, kann van Avend mit uns na Huus kamen." nöög Rieko ehr Frünnen. Flüsternd seeg se noch: „Pastoor keek al so komisch. Wi sünd ja up Gemeendfohrt." „Oh, wat fiert ji denn? Büst du weer Uroma wurden oder hest Geburtsdag hat?" De olle neeisgierige Geeske stunn direkt achter ehr. Rieko dreih sik üm un leep weg. Hopentlik kummt de nich ok noch achter uns an, dach se sik.

De Sellskupp fohr wieder an de ostfreeske Küst lang un leet sik wat van de Schönheiten vertellen, de se to seen kregen. Af un an hör man ok woll maal en schnurken. De Middagstünnen fehl.

Na en mojen Ostfreeslandtour keem de Bus tegen Avendbroodtied weer bi Huus an. „Nu geiht dat eerst bi d' Backer rin un koopt eerst twee Pund Schwartbrood un en halben Krintstuut. Daarto noch en goden Kloppwurst. Anners drööft wi nich maal an en Buddel Beer rüken." Ressi nehm dat Zepter nu in Hand. Bi Rieko un Fidi wurden van twee Frolüü graad Stücken upschmert. De Huusherren söggen för de

Sitzplätze un ok för Glöös. Beer, Sprudel un Schluck keem graad na.

Gemütelk seet de Runn binanner un leet sik dat Brood schmecken. Rieko muss doch noch en paar Maal prosten. Aver de Geeske hett sik nich blicken laten. Se hett sik woll nich trout. Na en goden Stünnen lös sik disse lüstig Runn up. Sogaar dat Avendbrood harren se al hat.

Fidi bi d` Kusenklempner

Fidi seeg daar al de ganze Week tegen an. He muss na de Kusenklempner. He meen ja, sien Tehnen weren up Stee. De Keerl fund aver bestimmt wat, un wenn he blot Zahnstein afkrabb. Aver so en Minsch will ok ja leven.

He reeg sik in dat Wartezimmer al up. Üm teihn Ühr weer sien Termin. Un wat se do de Hülp? „Es dauert noch einen Moment. Wir hatten sehr viele Notfälle." He schull sik doch noch eben gedulden. Daar leeg ok ja noch wat to lesen.

Langwielt blöder he in so en Blatt. Man wat stund daar denn in: // 5 Tage Bodensee 179,-// Fidi kroop bolt in dat Heft. De Tour schull in sowat sess Week losgohn, en Schippstour un en Fohrt döör de angrenzend Länder. Fidi wurr all hibbeliger. Dat he upropen wurr, kreeg he gar nich mit. Do schout hüm in, dat muss he mithebben. Dat Book hör de Zahnarzt aver doch! En Kopie! Dat weer´t! De Hülp maak hüm gern en Abzug.

Stolt drooch he sien Fundstück na Huus. Wat schull Rieko woll seggen? „Wat wullt du daar denn mit? Wi sünd eerst ünnerwegens ween. Wat denkst du, wat dat immer köst!" „Wat du immer hest! Maakst de Büx weer mit Knieptang dicht, wa?"

Tööv du man af, dach he bi sik sülvst. Du hest ja bolt Geburtsdag un en Geschenk kannst du nich aflehnen. Fidi hullt sik för ganz schlau. Stiekum wull he daar anropen un de Reis buchen. Sien Rieko schull kieken! Namiddags beraad Fidi sik mit sien Dochter Else. „Jo, Papa, dat is doch en mooi Geschenk. Ji sünd so wenig ünnerwegs kamen. Dat günnt jo nu man. Du kannst dat ok an uns Adress schicken laten. Denn sütt se nich glieks de Buchungsbestätigung. Wullt du ok van hier anropen?" Fidi greep sik glieks de Klönkasten. Aver wat vertell hüm dat Frollein an anner Enn?

Fidi wurr all ruhiger un all wittnösiger. Else beobacht hüm. Dat weer ehr nich geheuer. Daar stimm wat nich. „Ja, das hab ich heute doch erst gelesen bei meinem Arzt." Fidi stotter dat in dat Telefon. Dat Frollein schnack woll weer. „Nee, nee! Danke! Dat will ik nich!" Fidi legg up.

He seet daar as en begoten Pudel. He kunn dat nich glöven. Nu harr he so en mooi Geschenk för sien Froo hat un nu? Nu weer dat en Angebood ut vergangen Johr! Dat olle Blatt weer van vergangen Johr ween! He muss daar bolt weer hen. Denn wull he de aver wat vertellen. Dat grenz ja al bolt an Irreführung. Wat weer de Fidi vergrellt.

Else seet bi hüm un lach un lach: „Oh, Papa! Dat is maal weer typisch! Du musst dat ok all lesen. Dat in en Praxis oll Heften liggt, wööt man doch. Daar harrst du ok doch up kieken musst. Du hest di mooi blameert!" Se lach immer noch. „Do mi en Gefallen, vertell dien Moder dat nich!"

Avends meen Rieko; „Fidi, egentlich kunnen wi de Tour an Bodensee doch woll maken. Ik hebb mit

Ressi schnackt. De goht ok gern weer mit." Wo nu?
Nu weer de Katt 'n Hex! He muss Farv bekennen.
Kleenmötig geev Fidi to: „Mit de Reis wurd nix. Dat
vermaledeite Heft bi de Kusenklempner weer al en
ganz Johr old. Dat Angebood gifft nich mehr. Ik hebb
daar anropen. Ik wull di dat to Geburtsdag schenken.
Wi mööt uns wat anners utsöken. „Oh, Fidi! Sowat
passeerd ok blot di."

Af nu keek Fidi genauer up Datum van de
Zeitungsanzeigen.

Ünnerwegs

Greta un Finn weren ut de Stadt up dat Land trucken. Ehr pass dat gar nich so recht. All ehr Frünnen wohnen noch immer in de groot Stadt. Se harren bi Huus nu woll en mojen groten Speelplatz. De Gorden weer ok noch nich anleggt. Daar funnen se ok immer wat Neeis. Nu weren se ünnerwegs to de Tuun ruut. Mama un Papa drüffen dat aver nich weten. Wat verboden is, maakt aver ja am mesten Spaaß.

Achter de Tuun fung en Busch an. Greta un Jelko stapen neeigierig al liek ut. Se wullen wöten, wat dat daar all to kieken geev.

De Kinner bleven aver up Padd, daarmit se torügg finnen kunnen. Dat geev soveel to kieken: „ Jelko, kiek maal, hier holt de Wiehnachtsmann sien Bööm weg!" Greta weer stohn bleven un wies up en groot inriechelt Stück mit lütt Dannenbööm. „ Un waarüm sperrt he de denn in? De köönt doch nich weglopen!" „Wi mööt well frogen, de dat weet. Hier liggt ok so Stapels mit afschneden Boomstammen rümm. De sünd aver all so lütt. Daar hett ok al well up rümmaalt."

Se marscheeren nu wieder un daar funnen se wat ganz besünners: een See! „Greta, hier is en Baadanstalt midden in de Busch! Wi köönt in Sömmer alleen hen to schwemmen. Hier bruukt Mama nich mit!" „Dat is aver doch nich enfach en Baadanstalt. Hier schweemt ok Fischen in.Waar dat woll för is? Noch wat, wat wi frogen mööt! Well wööt dat aver?" Nadenkelk gungen de beid weer torügg.

Dat weer doch ganz spannend hier up 't Land. Ehr Mama harr al no ehr utkeken un ropen. „Waar kaamt ji denn her? Wi hebbt jo doch verboden, alleen in de Busch to gohn. Ji keent jo hier doch nich ut! In so en groten Busch kann man sik verlopen!"

Greta un Jelko harren aver soveel to vertellen: „Mama, daar weer soveel to sehn. Wienachtsmann sien Busch un en See hebbt wi funnen un ok ganz veel Boomstammen, de an 't Padd legen. Daar harr al well up rümmaalt." „Jo, Mama!", de lütte Jelko weer so ieverg an vertellen, dat he ganz rood Wangen harr. Du bruukst nich Maal mit to boden. Daar köönt wi ok alleen hen un Rad fohren köönt wi daar ok. Daar fohrt nämlich kien Autos!"

„Nix d´r van! Ji speelt hier bi Huus! De Busch is kien Speelplatz! Well schall jo daar denn weer finnen, wenn ji jo verloopt. Wi köönt maal no en Förster gohn. De köönt ji denn all dat frogen, wat ji wöten willt."

Greta un Jelko ehr Mama wull bolt bi en Förster anfrogen, of se maal herkamen kunnen. „Ji beid köönt ja mitnanner up en Zedel schrieven, wat ji fragen willt." Daarto schick se ehr beiden in ehr Kinnerstuven.

Inselhoppers

Marlene un Uwe seten bi Lisa un Rolf binanner up Terrasse. Dat weer so richtig mooi Sömmerweer. Dat Alster schmuck good. To schnacken geev dat immer wat. „Hebbt ji al Avendeten hat?" froog Rolf do. „Nee, is ja noch froh an Dag. Waarüm froogst du?" Marlene wunner sik. „Ik dach mi so, willt wi nich eben de Grill anschmieten? Noch köönt wi Fleesch kriegen. Ladens sünd noch open."

Rolf keek fragend in Runn. „ Ji Froolüü fohrt hen un söökt wat mois ut." Uwe meen daar ok woll wat van. „Marlene, du schnippelst graad so´n beten Salaad binanner. Dat kannst du doch so lecker." De beid Frolüü bruken sik nich mehr wehren.

Se maken sik up Padd un besörgen Steaks,

Braadwurst, Grillkääs un Gemüüs. En Kopp Salaad, Paprika, Gurk, un Tomaten. Daar leet sik al wat mit schnippeln. En Pott mit Tuffelsalaad, Zaziki un krüderg Brood runden de Saak af. So kunn dat en gemütelken Avend werden.

As de beiden weer in Huus kemen, damp de Grill al. Fix wurr de Salaad schnippelt un dat Brood upbacken. De Mannlüü weren för dat Fleesch tostännig. Noch graad de Disch decken, un se kunnen sik dat good Mohl schmecken laten.

Uwe meen: „Dat is ja bolt as in Urlaub. Daar kann ik mi glatt an wehnen. Wi schöölt dit Johr woll nich weg kamen. Marlene un ik hebbt Kassensturz maakt un de neei Möbel hebbt doch en good Lock in't Kontoor reten." Do kreeg he aver en Rüfel van Marlene: „Nu holl man up to klagen! Ik hebb dat lever dat ganz Johr in Huus gemütelk, as en poor Daag in en Hotel. So schlecht geiht uns dat ok nich!"

„Ik much woll maal up en Insel, na Norderney oder so. So en Tagesfohrt weer mooi. Man kunn ja up Tied moorns mit de eerste Fähre röver fohren un avends mit de letzte torügg. Wat hollt ji denn van so en Kurzurlaub? Baden in de Noordsee, mit Rad de Insel erobern, sik dat maal en Dag good gohn laten." Lisa harr sik dat al recht döör de Kopp gohn laten. „Jo, dat is en goden Idee! Weer dat nich wat för uns all mitnanner? Denn harren wi seker en bült Spaaß.

Se verafreden mitnanner na Nördernee to fohren. „Köönt wi nich so en Touri - Grill mitnehmen un daar in de Dünen grillen? Dat maakt so en Spaaß!" Daar wurr de Füürwehrmann Uwe aver füünsch: „ Segg maal, Ralf, spinnst du? Wullt du de Dünen in Brand setten? De oll Deerten verbrennt sogaar de Rasens in de öpentlich Parks. Ik luur blot daar up, dat daar maal en Flächenbrand ut entsteiht. Verbeden schull man de!"

„Nee, wi willt nich ik wööt nich wat mitschluren. Viellicht en beten wat to knabbern un to drinken. All anner köönt wi daar kriegen. Wi nehmt uns Rööd mit, dat wi ok wat van de Insel to sehn krigt." „Vergeet ji jo Bikinis aver nich! So´n beten in Sünn braden willt wi ok doch!" Ralf much sik gern de Pelz beschienen laten.

Se fohren mit de twede Fähre röver. Alleen de Överfohrt weer al en Pläseer. Se leten ehr Rööd achter´t Schlött bringen un söggen sik en gemütelken Platz, dat se sik de Seewind üm de Nöös weihen laten kunnen. En heten Tee de daar good. Na en Stünnen Överfohrt in de Morgensünn maken se sik up Entdeckungstour. Na en lütten Radtour kemen se bi en Backeree, waar en groot Schild stunn: „Genießen sie bei uns ihr 2. Frühstück!"

„Wööt ji wat, dat do wi ok un denn hebbt wi glieks uns Middageten hat." Lisa un Marlene weren sik enig. „Wi köönt nahst ja noch Maal Koffie drinken oder Ies eten oder beides. Is ja noch froh an Dag." Se leten sik en riekelk Fröhstück mit Ei un Fisch setten. Mooi knackig Brötkers hören daar to. An frisch Luft leten se sik dat so richtig good schmecken.

„So un nu laat wi uns bruun brennen an Strand. Hebbt ji ok en Strandmatt mit? Wi hebbt en, waar wi beid up kuscheln köönt." fung Ralf nu mit sien Lisa an to Söötholt raspeln.„Nix, wi köönt uns woll in de Dünen setten. Ik will hier nich upfallen." Marlene weer in sükse Parten egen.

Se kregen noch twee Strandkörven, de se sik tonanner schuven kunnen, dat se sik ünnerhollen kunnen. Mit de Tied wurren aver doch de Ogen schwaar. De Froolüü kropen mooi in de Arms van de Mannlüü un drömen selig vör sik hen.

As de Kinner later an de Strand anfungen to krakelen, waak Lisa up un keek üm sik to. Marlene un Uwe kuscheln mitnanner in de en Köörv un tegen eher schnurk Ralf. Mit en Blick up Uhr seeg se, dat dat al na half veer weer.

Lisa schüddel Ralf un stött de anner beiden an: „Willt ji de ganz Dag hier verschlopen? Ik wull nu woll noch en Enn mit Rad fohren un kieken un denn in Ruh noch en Koffie drinken. Kaamt man eben togang." De anner dree recken un strecken sik as so Katten. „Mööt dat ween? Dat is jüst so kuschelig." Se weren richtig lahm in Knaken. Nütz aver nix. De Uhr dreef nu doch. „Ja, denn laat uns wieder trecken. Wi mööt denn ok noch na de Anleger torügg. Un de is up de anner Inselsiet." Se fohren en ganz Stück över de mooi oostfreesk Insel, keken hier un schnüstern daar. Denn funnen se en lütt Teehuuske. Richtig mooi Tee drunken harren de veer Ostfresen noch nich. Dat wurr bilütten ja Tied. Un so en leckern Rumflockentoort geev dat daar. Daarbi vergeten se ganz de Tied. Weer ok so gemütelk.

„Wo laat fohrt uns Fähr egentlik? Wi sünd ok seker noch en halven Stünnen ünnerwegs." Marlene kreeg Drievergeld. Se keek ok al in ehr schlauen Ackerschnacker. Marlene kreeg Schnappatmung. „Wat meent ji, wat hier steiht? De letzt Fähre leggt nu af! Un nu? Wi sitt hier up Insel fast!" Se harr bolt Tranen in Ogen.

„Dat gifft doch nich! Wies maal her! Is doch eerst sess Ühr!" Ralf harr ehr de Ackerschnacker al ut Hannen nohmen. „Dat stimmt doch! Un nu? Ik bün ut dat Öller ruut, dat ik ünner d´Sternenhimmel schloop. Kriegt wi denn noch en Quartier?"

„Well fouert denn uns Höhner un well lett de rin?" „Ik mööt moorn froh Football spelen. Ik roop an, dat ik nich kamen kann. Ralf bleev ganz ruhig. Marlene maak sik Sörgen üm ehr Tüdies. Nich dat se token Nacht noch Besöök van en Voss kregen. „Ik fraag Fidi. De mach woll eben de Eier ut Nüst holen un de

Höhner wat inschmieten. De Klapp maakt he seker ok dicht. Ik roop hüm an." Rieko weer an de Sabbelkasten un weer glieks besörgt. Seker wullen se de Deerten versörgen. Waar denn de Schuppenschlödel weer. Se harren ehr Schlödel tegen Döör in en Holsch verstoken. Denn kunn man daar up jeden Fall rin.

Marlene weer ehr Naversk dankbaar. Dat schull ehr Schaa nich ween. De Eier drüff se sowieso al mitnehmen. Nu muss noch för Betten sörgt werden. Schull de Bedenung en Infall hebben? Jo, se wull ehr en Adresse upschrieven van en Ferienwohnung. Daar kunnen se mitnanner ünnerkrupen.

Nu geev dat doch noch en gemütelken Strandspaziergang un en Fischeten ünner d´ Sternenhimmel. Lang seten de veer noch buten to vertellen bevör se sik torügg trucken. Handöker to duschen weren daar. Enzigst wat veel, weer de frisch Wasch un de Tehnenbössel.

Se schlepen weer allerbest. Inselluft maakt mööi. Un weer harren se de froh Fähre verpasst. Nu kunnen se eerst to middag torügg.

In Huus luren ehr Höhner up ehr Freeiheid. Se schullen as Belohnung frisch Gras för ehr Gefangenschaft kriegen.

Annermaal, daar weren se sik aver enig över, wullen se glieks up de Fohrplaan kieken.

Blitzlichtgewitter

Malte harr dat schafft un sien Oma un Opa överreed, dat he daar schlopen drüff. Hüm maak dat so en Spaaß avends mit Oma un Opa up Sofa to sitten, Fernseh to kieken un Chips to knabbern. Daarto much he geern Appelschorle drinken. Oma harr ok noch irgendwaar Schokolaa verstoken.

Ditmaal weren se ok noch an Ostfresenroulett spelen. Malte nööm dat immer Scheißspiel, wiel he faker maal verloor. Sien Oma Elfriede un Opa Bernard aver ok Mama Andrea un Papa Stephan gung dat genauso. Bi Oma dröfft man ok wat länger up blieven. Meesttied wurden Malte sien Ogen aver tegen half negen lütt, un he muss in't Nüst. Oma lees denn noch sien Lieblingsgeschicht van Biene Maja un Willi vör.

„Nacht, mien Söten! Schloop Zucker! Ik laat dat Lucht up Flur an, dat du di nich verbiestert!" Nu harren de beid Ollen ok Ruh, dat se in de Flimmerkast kieken kunnen. Schull mooi Musik kamen. Man dat olle Deert maak Zicken. Denn weer dat Bild daar un denn nich un dat rausch blot. Weer de köört? Se maken de Aperaad ut.

Nu hören se waaran dat leeg. Se hören dat van feerns rummeln. Daar truck en Gewitter up. Dat kunn noch lüstig werden mit ehr lütten Schloopgast. Hopentlik schleep de al so fast, dat he nich mehr stöört wurr. Daar blitz un knall dat ok al bolt mitnanner. Dat Gewitter weer dicht bi. Schull dat hier waar inschlaan hebben? Opa Bernard muss sien Nöös doch eben buten Döör steken. „Sehn kann ik nix. Daar kummt all mehr Wind up un in Noordwesten sitt en richtig schwefelgeel Lucht. Dat gifft noch wat."

Elfriede gung weer rin. Ehr seet dat Kind in Kopp. Noch weer dat boven all ruhig. Dat dönner weer. Ditmaal weer dat so en langtrucken Grummeln. Dat blitz rund üm ehr to. Un al weer so en luten Knall.
Tapp, tapp, tapp kemen daar en Paar nakend Fööt bi d´ Trepp andaal. „Oma, wat is dat? Ik hebb Angst, dat is so luut. Wat is dat?" Denn lütten Kerl lepen Tranen över d' Wangen. „Is Gewitter mien Lütten! Dat dönnert un blitzt." „Is daar well an Kegeln? Un mööt de de ganze Tied Fotos maken?" Bi jedes Maal dönnern zuck he tohoop. Kegeln un Fotos maken keen he van Uromas Geburtsdag, aver Gewitter kenn he noch nich.
„Kumm mien Jung, wi beid goht up Sofa." „Willt wi denn weer fernsehen, Oma?" „Mööt wi eben versöken, of de weer funktioneert." Malte kroop gliek ünner ´t Deken bi Oma in Arm. De Kiekkasten see aver noch kien Piep weer, daarför rausch dat van Himmel as ut groot Kübels. Dat seeg ut, as en Vörhang ut Regen.

„Elfriede, kumm graad! Hier regent dat döör!" Bernard stunn achtern in Flur. Daar pladder dat Water man so up de Fliesen. Elfriede schloog de Hannen boven Kopp tosamen. „Du musst de Regengööt un dat Fallrohr up dat Flachdack reinmaken, anners suupt wi hier af!" Mit Hanschen an un en Emmer in Hand steeg he groot bi d´ Trepp hoch un döör de Ruum, waar egentlik Malte schlopen schull, up dat Garagendack. Van hier kunn he bequem an de Affluss kamen. Wenn dat man nich so düster weer. Dat beten Regen weer dat wenigst.

Un well stund as eerst ok daar boven up Dack? Natürlich Malte! He muss doch wöten, wat sien Opa maak. Omas Water binanner wischen weer langwielig. „Opa, wat maakst du in Regen buten? Kumm rin! Du wurrst natt. Oder wullt du ok knippst werden daar boven up Dack? Ik kaam bi di. Denn köönt wi doch ganz wiet kieken so as letztens up Diek bi de roodgeel Lüchttoorn!"

„Du bliffst binnen! Dat reicht, wenn ik mi insau! Dat is veelst to gefährlk för di. Elfriede, hol de Jung rünner. De is al up Dack!" Mit hochroden Kopp keem se de Trepp an hoch röönt. „Malte, du dröffst daar nich up Dack. Du kannst daar rünnerfallen un di ganz düchtig sehr doon!" „Oma, ik will ok ganz wiet kieken! Köönt wi hier sehn, waar mien anner Oma un Opa wohnt?" „Nee, du lütten Schnacknöös un nu rin mit di!"

Natt as en Katt keem Bernard ok weer rin. „Ik goh nu eerst hen to ümtrecken, anners hebb ik mi moorn verkollen." En heten Dusch de hüm nu good. Mit Schloopanzug an keem he weer. „Dat Gewitter hett sik weer vertrucken. Is na halv elf. Laat uns in't Nüst gohn. As eerst geihst du aver in Bedd, Malte. Du schullst al twee Stünnen schlopen. Ruut kannst daar ok nich mehr. De Döör is weer afschloten, at du nich up dumm Gedanken kummst." Dat düür nich lang, un de lütt Bödel drööm van kegeln, Blitzluchtgewitter un wiet kieken mit Opa up Dack. Nächst Dag mussen se nu eerst maal de Schaden nakieken. Much ja woll bi de beid Leckstejen bleven wesen.

Erinnerungen

„Martin will sien Rollerführerschien maken." vertell Traute Ralf un Lisa. Se weren van avend up Visit. Vör ehr stunnen Tee un en leckern Appelkook.

„Ik hebb hüm al seggt, dat he aver eerst en Roller kriggt, wenn ik de Führerschien sülvst sehn hebb. So Jungs hebbt ja al veel Undöög in Kopp." Kemal harr al glieks de Richtung vörgeven. „Dat deit jo Martin aver doch nich!" Lisa wunner sik. „Nee, dat woll nich. Aver dat do ik üm de anner Jungs to wiesen, dat ik mi nich up Nöös rümdanzen laat. He kriggt sien Roller denn ja."
„Mit so en Führerschien kannst al wat beleven. Ik harr mien Autoführerschien en lütt Sett. Ik harr noch Proovtied. Up mien Golf 2 weer ik stolt as Oskar un as do mien Vader noch froog, of ik mit hüm na de Boumarkt fohren kunn, do weer dat wat. He wull daar irgendwat kopen un in mien Auto transporteeren. Dat harr de grötter Heckklapp.

Stolt bün ik denn mit mien Papa Richtung Boumarkt fohren. Tomaal blitz dat! Wat hebb ik mi verschrucken! Weer ik to fell fohren? Hier weer doch 70. Ik weer doch nich veel flinker fohren. Papa beruhig mi glieks: „Du büst viellicht wat flinker ween, daar wurd de Tachotoleranz noch aftrucken un wurd ok all nich so heet eten as dat kookt wurd. De meet nich so genau."

Oh, wat hebb ik do Nood hat, dat ik mien mojen Führerschien weer afgeven muss. Ik hebb woll veer Week lang jeden Dag na de Breefkasten tapert. Do keem endlich de Breef van de Landkreis.

Dat weer mien eerst Blitzerfoto un bit nu mien letzt. Ik weer ganze acht Stünnenkilometer to fell fohren un kreeg en Straaf van 10 €. Wat weer ik blied! Nu kunn ik mit mien Fründin Sabrina na Dangast fohren. Daar harren ehr Öllern en Campingwagen stohn. Dat weer de eerste sturmfreie Bude!

Uns eerst Urlaub weer daar! Wat weer dat mooi! Ik hebb so en Nood hat, dat dat utfullt. Wi weren doch noch jung. Wi wurren komisch ankeken daar up de Campingplatz. De Navers kennen mien Fründin aver ja. Wi hebbt mitnanner kookt, grillt, Tee drunken un un. Wat weer dat mooi!"

Ralf weer nich to bremsen mit sien Erinnerungen. De anner dree wunnern sik blot. So redselig weer he anners gar nich.. „De Sabrina musst du woll in good Erinnerung hollen hebben." „Jo! So en Urlaub mit Campingwagen kunn mi noch maal weer reizen." „Un denn nöömst du mi Sabrina?" narr Lisa hüm.

„Viellicht köönt wi uns ja maal en Wohnwagen lehnen." överlegg Lisa wieder. „Leider geiht dat bi uns nich mit uns Kinner. Wi köönt beter in en Ferienpark fohren."

„Wo kummt man egentlich van Rollerführerschien up Urlaub in Ferienpark?" Traute wunner sik. „Wi hebbt doch blot Tee drunken un daar weer kien Rum in!"

Up groot Reis

„Fidi, ik hebb Tee klaar!" Dürr nich lang un he stunn bi Rieko up Terrass. „Wat hest du hier denn all liegen?" „Ik dach, wi kunnen uns nächsten Urlaub woll utsöken. Wat meenst du? So en Weltreis mit Fleger is doch maal interessant. Kiek maal hier, daar fleegt wi af Bremen na Amsterdam, hier gifft dat en Grachtenrundfohrt. Denn geiht dat van Stadt to Stadt wieder Överall werd so Attraktionen anboden. Tüschenin wurd ok mit Zug oder mit Schipp fohren. De Hotels sünd överall bucht."

„Büst du mal? Denn sünd wi blot an Kuffer ut- un inpacken. Wullt du dat denn?" Fidi keek sien Rieko an, at wenn se ut en anner Welt weer. Se schunk Tee na. „Wi wullen doch al lang maal en groten Reis maken. Nu is doch de Gelegenheit." Aver nich jeden Flugplatz an un de anner nich vörbi! Ik will vernünftig up en Stee mien Kuffer utpacken. So en Reis schall doch en Verholen ween." „Kiek hier is wat up so en groten Damper. So en Traumschiff. Hier geiht dat in´t Mittelmeer, waar dat mooi warm is. Dat weer ok doch en Mögelkeit. Denn hest du dien Kuffer bi di!"

„Denn gefallt mi disse Nordcaptour beter. De düürt nich so lang un is dichter bi. Aver wo kummst du nu up sowat?" Fidi weer överfördert. He schlüürf sien Tee.
„Fidi, de Nordcaptour is nix för uns. Vör allem för di nich mit dien Rheuma. Binnen up Schipp is dat woll warm, aver buten? Denn is dat in d´ Süden beter." „Geev mi noch en Tass Tee. Ik will nu nich in Urlaub fohren." He gnuffel wat rüm. Tööv man, dach sik Rieko, van namiddag gifft dat en mooi Stück Kook un du Schlickerfio stimmst doch to.
Aver dit Maal harr sik Rieko täuscht. So Weltreisen weren nix för Fidi. Denn muss en Pizza doch utreichen. De Rentenerhöhung geev sowieso nich mehr her, viellicht noch dat Glas Roodwien daarto.

46

Ferientied

Kemal un Traute harren sik överleggt, dat se dit Johr nich in Urlaub fohren wullen. Sara weer noch to lütt. De Jungs wullen sik wat Geld verdenen.

Traute harr extra bi´t Jugendamt anropen. Nich dat Jörg, ehr Exmann ehr weer in Nack seet. De harren ehr aver gröön Lucht geven. Lukas weer 15 un drüff al in de Autowarkstee un daar sik al maal versöken. Martin wull sik en Paar Euro in en Görneree verdenen.

Se wullen glieks de eerste Maandag in de Ferien anfangen un denn en halven Dag. Blied trucken se moorns los un kemen middags schmachtig weer. Dat keem avers as dat muss. Na de eerst Arbeitsweek reep Jörg an, wat se sik woll denken de, sien Jungs arbeiten to schicken!

„Ik verbeed ehr dat. Se mööt doch seker ehr Geld bi jo aflevern. Man keent de Utlänners ja. Mi wunnert ja, dat du noch nich anschaffen bruukst." Do weer Traute so düll, dat se de Telefonhörer upknall. Ehr reich dat. Se wull sik Maandag bi d´ Advokaat erkunnigen, of se sik dat beden laten muss.

Sogaar Kemal reeg sik up un dat düür lang bi hüm. Dat de Südländers immer glieks as kriminell henstellt wurren, weer för hüm ganz schlimm. Dat geev överall schwart Schaap.

Lukas un Martin gungen jeden Dag ehr Arbeit na. Dat Jörg noch Maal mit ehr Kontakt upnehm, harr he sik nich trout. De Anwalt harr Traute raden anner Maal glieks de Gendarm to informeeren.

De eerst veer Week weren flink üm. Beid Jungs harren veel lehrt bi ehr Arbeidsstejen. Se drüffen sik ok över en mojen Lohn freuen. De moiste Lohn för beid weer aver, dat de Meister fraagt harr, off se nich token Johr bi ehr en Utbildung anfangen wullen. Traute ehr Wunnern nehm kien Enn. So flietig Jungs harr se?

„Un wat hebbt ji seggt?" „Ik hebb seggt, dat ik eerst mien Abi to Enn maken will. Aver denn kann ik mi wat in de Richtung vörstellen." antwoord Martin. „Dat hebb ik ok seggt. Anners weer jo dat ok seker nich recht. Ik drööf aver immer, wenn ik Tied un Lüst hebb herkamen. Dat schall mien Schaa nich ween, meen de Meister."

„Jungs, wat freut mi dat! So is dat vernünftig! Nu

schöölt ji aver eerst Ferien hebben. De nächst Weken is Kemal in Huus. Denn ünnernehmt wi wat mitnanner. Wi willt hen to schwemmen, ok maal in en Zoo oder wat uns anners so infallt. Ji köönt jo ok wat överleggen. Wööt ji al wat ji mit jo Geld willt? Anners maak ik de Vörschlag, bringt dat eerst up Spaarbook. So köönt wi daar in Ruh över nadenken un ji köönt jo Vader wiesen, waar dat bleven is. Ji wööt ja wat he för en Theater maakt hett."

„Mama, ik do dat eerst. Ik hebb nämlich al dacht, dat ik mi so langsaam mien Führerschien binanner sparen kunn. Ik will ok doch Roller fohren." Lukas dach al praktisch. „Ik glööv, dat ik al soveel Geld hebb för mien Rollerführerschien. Blot so en Roller köst Ünnerhalt un dat verdeen ik mi denn."

De Jungs weren beid vernünftig genoog, dat se ehr Geld nich to´t Fenster ruut schmeten. Aver wegen de Führerschien schullen se ehr Vader ok fragen. Traute harr ok al wat bisiet leggt. Dat wuss aver nümms.

Avends keem Kemal na Huus, pack sien Arbeitstasch ut: Stückerdöös in Spöölmaschin, Thermoskann utspölen un in Eck up Schapp un de los Waterbuddel in de Kist un do keem de Tasch mit de Woorden in de Afstellruum: „De will ik de nächst dree Week nich weer sehn. Nu hebb ik Urlaub!" Traute harr de Tee al klaar. In Ruh wullen se nu mitnanner de nächste Dag planen.

För van Avend weer al maal en gemütelken Grillavend anseggt. Daarto weren ok Rieko un Fidi nöögt. Hier harr Michael sien meest Tied verbrocht. He harr Fidi hulpen to Unkruut weden, Höhnerstall messen, Rasen maihen. De lütt Bödel harr dat immer drock hat. Wenn Traute maal waar achter to muss, waar se Sara nich bi bruken kunn, weer Rieko en dankbaren Kinnermaid. Up ehr weer Verlaat. Bi lecker Salaten un Fleesch un Wurst leten se sik dat gohn.

Na dat gode Mahl sprook Fidi Michael an: „Du hest mi in Ferien so düchtig hulpen. Du hest ok en paar Daler för dien Spaarpott verdeent. Oder wullst du di daar wat moois för kopen? „Jo, Opa Fidi!" Ik wünsch mi en nejen Roller. Ik mööt noch Mama fragen, wat de köst. De kann ik mi nu sülvst kopen." Stolt truck he mit sien Schien los. Sogaar Sara kreeg en beten wat in ehr Spaarpott.

Traute un Kemal planen de nächste Dag schwemmen to gohn mit ehr Familie. In en groten Picknickkörv wullen se van allens mitnehmen, to eten un to drinken. Ok de groot Deken un Sara ehr Schnuffelteddy, wenn se mööi wurd.

An en mojen lütten See funnen se en schattig Stee ünner en Boom, waar se sik dat gemütelk maken kunnen. De dree groot Jungs weren an Waterball uppusten, ok en Luftmatratz harren se mit. Wenn de uppumpt weer, schull daar Sara up schlopen. Traute kunn Sara gar nich hollen. Se harr Water roken, de lütt Waterrött. Se streif ehr de Schwemmflögels över un denn kunn se mit ehr Papa in´t Water.

Nu wull Traute en Paar Biller mit ehr Familie maken, bevöör soveel frömd Lüü hier weren. Dat weer ja verboden. „Se weet, dat fotografeeren hier verboden is?" Daar stund de Baadupsicht ok al achter ehr. „Ik hebb blot Biller van mien Familie maakt. Noch is nich soveel los. Dat köönt se geern kieken!" „De dree blond Jungs un de lütt dunkel Deern un de Mann hört all to ehr?" „Jo!" He hett sik de Biller ankeken un leet dat döörgohn. Sogaar entschülligt hett he sik. „Mit dat neei Datenschutzgesetz wööt man nie." „Ik fotografeer blot mien Familie. Man will doch Urlaubsbiller hebben."

Kemal keem mit Sara ut Water. „Wat wull de Keerl denn van di?" „Meckern, wiel ik jo knipst hebb. He meen, dat drüff ik nich. Ik hebb hüm aver en vertellt. Nu maakt wi glieks extra Biller. Köönt wi ja löschen. De blöde Keerl!" „Jungs, willt ji ok wat drinken?" Mit de dröögrubbelt Sara seten se up Deken un mümmeln Watermelon. Düür nich lang un Sara ehr Duum keem in Mund. Sara weer mööi. Mit Teddy in Arm leeg se nu to schlopen. Traute un Kemal seten afwesselnd bi ehr to lesen oder mit de Jungs to vertellen. So weer de eerst Dag flink hengohn.

Twee Daag later schull dat in en Museumsdörp gohn. Eerst harr dat düchtig lang Gesichter geven van de Jungs. As se daar weren, weren se nich mehr to bremsen. Överall geev dat wat neeis to kieken. In dat oll Backhuus kunnen se sogaar sülvst Brood backen. All veer Kinner un ok de Öllern harren Spaaß bi´t röhren, kneden un förmen. Sogaar Sara förm Brötkers mit ehr lütt Fingers. De annern förmen sik elk en Brood. Un en Röök weer hier! Daar kunnen se sik nich van trennen. Dat Brood muss nu ja noch backen. Af veer Ühr schullen se sik in Huus 24 infinnen. Daar kregen se denn ehr Wark.

Se lepen wieder. Lukas harr de Sageree entdeckt, Michael de Schmee mit dat open Füür. Överall wurr wat anboden to mitmaken. Sara un Martin weren in de Streichelzoo. Un denn stunnen se vör de Botteree. Hier kunnen Kemal un de Jungs sik ehr Botter up Brood sülvst maken. Se hebbt nahst sogaar en Paket mitkregen – un dat schmuck so lecker.

Nu weer dat Tied för Huus 24. As se daar rinkemen, staunen se nich schlecht. Kemal un vör allem Traute föhlen sik torügg versett in de Söbenziger Johren. De Tapeten an de Müren weren mit groot Musters. De Stohlampen in Eck weren in orange. Dat Sofa dunkellila. Up de Disch mit Hochglanzplaat leeg en Dralondischläufer. Bunt Vasen un Kersenständers runden dat ganze af. As se in de Köken kemen, dreep ehr de Schlag: all Schappen weren orange. Sogaar de

Schloopstuvenmöbel weren gröön. Traute meen to Kemal: „Sückse Möbel hebbt mien Ollen ok beseten." „De eerst Wohnen, waar ik mit mien Öllern wohnt hebb, weer ok so utstatt."

„Mama, wat is dat hier kitschig! Aver dat Schloopstuuv sütt ut as Omas old." Martin kunn sik daar noch an besinnen. In de ümbout Schüür wurr Tee un Koffie anboden. Nu murken se ok, dat se recht Apetit harren. Dat rook ok so lecker. Se söggen sik en gemütelken Disch un bestellen.

Dat düür gar nich lang un de Froo ut dat Backhuus keem mit en groten Körv vull Brood rin. Michael zappel glieks rüm: „Mama, Mama uns Brood ! Dat köönt wi ja glieks probeeren! Botter hebbt wi ok doch." „Nee, dat gifft dat to Avendbrood in Huus!" sprook Kemal en Machtwoord. Se leten sik ehr Tee un Kook schmecken un freuen sik up ehr frisch Brood to Huus.

Jeden Dag leten sik Traute un Kemal wat Neeis infallen. Dat Weer weer so mooi, dat sik dat anbout, veel schwemmen to gohn un to Huus to grillen. För Sara weer bestimmt de Zoo mit all de frömd Deerten un immer schwemmen to gohn dat beste. De dree Jungs schnacken noch lang van dat Museumsdörp. Se harren eerst doch so lang Gesichten maakt.

Kemal un Traute weren blied dat de Kinner so tofree weren mit ehr Ferien. Un Jörg, ehr Vader? De hett sik nich eenmaal meld, of se wat mitnanner ünnernehmen wullen.

En besünner Tour

Van Daag stunn weer de monatlich Ünnersöken van Roswitha un Hubert an. De Altenpflegerin Kathrin kutscheer ehr van dat Altenwohnheim na de Doktor. Dat truck sik doch en ganz Sett hen, bit se weer de Rüggtour antreden kunnen. Ünnerwegs meld sik de Blaas van Hubert. He drängel düchtig, so dat Kathrin en Tankstee anfohr.

Se sprung to dat Dienstfohrtüüg ruut un wull de Kloschlödel van binnen holen. As se weer ruut keem, seeg se bloot noch de Rückluchten van ehr Auto un en Keerl mit en gröön Jack an d´ Stüür. Se wuss in Moment nich wat se doon schull. De beid old Minschen seten daar in un se bruken ehr Medikamenten. Roswitha weer Diabetiker un Hubert weer hartkrank.
Se reep de Gendarms an. De weren ok glieks daar. De beid Beamten schnacken van Entführung un leten na dat Fohrtüüg fahnden, as se man eben dat Kennteken wussen. Kathrin harr all ehr Papieren in ehr Handtasch in Auto liggen laten.

Do kemen good Narichten ut de Zentrale. Jeder Fohrtüüg van dat Altenwohnheim weer mit en GPS – Sender utstatt. So kunn dat flink oort werden. Kathrin steeg bi de Gendarms in ehr Streifenwagen un fohren mitnanner na de angeven Adress. Un waar landen se? Bi en nobel Wirtschaft up Parkplatz!

„Daar, daar achtern, daar steiht mien Auto! Un de Typ sitt dar ok noch in!" Nu wurr Kathrin upgeregt. „Se blievt hier in uns Auto sitten! Wi wööt nich, wat in hüm vörgeiht. Wi kiekt eerst eben to." Seelenruhig seet de jung Keerl in Auto un speel mit sien Ackerschnacker rüm.

„Waar sünd Roswitha un Hubert? Waar hest du de hen verschleept?" schree do Kathrin. „Hest du de Verstand verloren? Dat sünd old Lüü! De bruukt Medikamenete! Hubert is hartkrank! Nich ut to denken, wat passeeren kann.Roswitha brukt ehr Tabletten ok. Wenn de Ünnerzucker kriggt, is dat Mallöör groot! Waar sünd de beid?" Tranen lepen de jung Pflegerin över de Wangen!

„ Ik bün dat ok noch schuld, wenn de beid wat passeerd. Ik hebb dat Auto unverschloten mit Schlödel in Zündung daar stohn laten. Ik kann mi mien Papiern doch gliek afholen. Daarbi wull Hubert doch bloot pinkeln." Kathrin weer fertig mit de Welt. Nu nehmen de Gendarms de jung Keerl in de Mangel.

„Jetzt aver ruut mit de Spraak. Waar sünd de beid old Minschen!" So langsaam wurr he nervöös. „De geiht dat good! De sünd hier binnen." „Waar?" Nu wurren de Gendarms lebendig. „De sitt daar gemütelk an en Disch. Se wullen ehr Ruh hebben. In jo Heim stoht se immer ünner Beobachtung."

De Gendarms harren de Kroog al störmt. „Waar sitt de?" De Gendarm wurr nu ok luter. „Daar achtern in de gemütelk Eck." As de veer besörgt Minschen in de Eck ankemen, boot sik ehr en besünner Bild. Roswitha un Hubert seten an en mojen Disch mit

Kersen för Sekt un harren sik bi de Hannen to foten.
Van de ganze Upregung üm ehr harren se nix
mitkregen. Se verschrucken sik, as de Gendarms,
Kathrin un de junge Mann an ehr Disch stunnen. „Opa,
ik kunn ehr nich torügg hollen!" „Opa? Wat heet dat
denn?" De Gendarms keken van en up anner. „Jo, dat
is mien Enkel Marcell. En ganz leven Jung!" „En
leven Jung? De is mit mien Auto afhauen mit jo
beiden daar in. Ik wuss nich waar ji weren! Wat denkt
ji, wat ik för en Nood hat hebb! En leven
Jung?" schullt Kathrin.

„Dat is doch all up mien Mess wussen. Ik wull doch
sogeern mit mien Röschen alleen ween an uns
Verlobung!" Nu schnoof Kathrin bloot noch. „An jo
Verlobung? Wecker Peer sünd denn mit jo döör
gohn?" Ennelk meld Roswitha sik.

„Kathrin, nu schell doch nich so wegen uns lütten
Utflug. Wi hebbt uns inanner verkeken. Dat is doch
normaal. Dat gifft bi uns Ollen ok noch, nich bloot bi
jo jungen."

„Roswitha, du hest Rundumbetreuung. Wat seggt dien
Kinner? Ik mööt dat melden." „Dat laat uns Sörg man
ween. Sietdem wi Gefallen annanner funnen hebbt,
geiht uns dat veel beter. Sogaar de Doktor is dat
upfallen!"

„ Un nu to ehr Herr Gendarm. Disse ganze Saak nehm
ik up mien Kapp. Marcell muss ik överreden, dat he
uns hierher bringen de. Ik muss mien Führerschien ja
afgeven. Dat wullen mien Kinner. De Entführung

weer bloot en Utflug. Se köönt doch ok maal all Höhnerogen dichtkniepen."

De Gendarms wusssen noch nich, wat se daar van maken wullen. Daar muss de Chef en Woord mitreden. Ünnernanner weren se sik aver enig., dat dat doch so nüdelk weer, dat se daar över schmüstern kunnen.

Helma Gerjets

Die gebürtige Reepsholterin ist Mutter einer Tochter und wohnt in Hesel im Kreis Leer.
Schreiben ist neben dem Kochen ihr großes Hobby.
Hier liegt jetzt das 11. Buch vor.

Henning H. Hinrichs hat nun das siebte Buch gesetzt und somit den Druck vorbereitet. Ebenfalls fotografierte er dieses Buches.

Dank auch an ihn.

Im Eingenverlag erschienen bisher folgende Bücher:

Höhnerklatsch
ISBN 978 374 311 501 9

Dat leven geiht wieder
ISBN 978 375 286 750 3

Wurd weer Wiehnachten
ISBN 978 374 601 682 5

Familienbande
ISBN 978 384 822 353 4

Andere Werke sind im Adlersteinverlag erschienen:

Kater und Stiekelswien
ISBN: 978 384 480 616

Is denn al Wiehnachten?
ISBN: 978 384 480 37 54

Mit Rieko und Fidi dör't Johr
ISBN: 978 384 823 188 67

Van't Eten un Drinken
ISBN: 978 373 228 476 4

Neei Navers
ISBN: 978 – 373 920 501 4